LAS HAZAÑAS DEL INCOMPARABLE MULÁ NASRUDÍN

Libros de Idries Shah

Estudios Sufis y literatura de Medio Oriente
Los Sufis
Caravana de sueños
El camino del Sufi
Cuentos de los derviches: *Cuentos-enseñantes milenarios*
Pensamiento y acción Sufi

**Psicología tradicional,
encuentros enseñantes y narrativas**
Pensadores de Oriente: *Estudios sobre empirismo*
La sabiduría de los idiotas
La exploración dérmica
Aprender cómo aprender: *Psicología y
espiritualidad en la vía Sufi*
Saber cómo saber
El monasterio mágico: *Filosofía analógica y práctica*
El buscador de la verdad
Observaciones
Noches con Idries Shah
El yo dominante

Disertaciones universitarias
Un escorpión perfumado (Instituto para el estudio
del conocimiento humano – ISHK – y la Universidad
de California)
Problemas especiales en el estudio
de ideas Sufis (Universidad de Sussex)
El elefante en la oscuridad: *Cristianismo,
Islam y los Sufis* (Universidad de Ginebra)
Aspectos negligidos del estudio Sufi: *Empezando a
empezar* (The New School for Social Research)
Cartas y disertaciones de Idries Shah

Ideas actuales y tradicionales
Reflexiones
El libro del libro
Una gacela velada: *Viendo cómo ver*
Iluminación especial: *El uso Sufi del humor*

Corpus del Mulá Nasrudín
Las ocurrencias del increíble Mulá Nasrudín
Las sutilezas del inimitable Mulá Nasrudín
Las hazañas del incomparable Mulá Nasrudín
El mundo de Nasrudín

Viajes y exploraciones
Destino: La Meca

Estudios sobre creencias minoritarias
El conocimiento secreto de la magia
Magia oriental

Cuentos selectos y sus trasfondos
Cuentos del mundo

Una novela
Kara Kush

Trabajos sociológicos
La Inglaterra tenebrosa
Los nativos están inquietos
El manual de los ingleses

Traducidos por Idries Shah
Los cien cuentos de la sabiduría (El *Munaqib* de Aflaki)

Las hazañas del incomparable Mulá Nasrudín

Idries Shah

ISF PUBLISHING

Copyright © The Estate of Idries Shah

El derecho de los herederos de Idries Shah a ser identificados como los dueños de este trabajo ha sido reivindicado según la ley 1988 de copyright, diseños y patentes (Reino Unido).

Todos los derechos reservados
Copyright mundial

No está permitida la reproducción total ni parcial de este libro, ni la recopilación en un sistema informático, ni la transmisión por medios electrónicos, mecánicos, por fotocopias, por registro o por otros métodos – salvo de breves extractos a efectos de reseña – sin la autorización previa y por escrito del editor o del propietario del copyright.

Las solicitudes de permisos para reimprimir, editar, reproducir, etc.,
deben ser dirigidas a:
The Permissions Department
ISF Publishing
The Idries Shah Foundation
P.O. Box 71911
London NW2 9QA
United Kingdom
permissions@isf-publishing.org

ISBN 978-1-78479-879-6

Primera publicación: 1968
Edición actual: 2020
En asociación con The Idries Shah Foundation

Índice

Introducción	xi
La alternativa	1
Por qué estamos aquí	3
Nunca se sabe cuándo podría ser útil	4
¿Ves lo que quiero decir?	5
Si una olla puede multiplicarse	6
El contrabandista	7
Cómo Nasrudín creó la verdad	8
El gato y la carne	10
Aquí hay más luz	11
El tonto	12
Cocinando a la luz de la vela	13
El peligro no tiene favoritos	15
La sal no es lana	16
¿Pueden ser accidentales las buenas acciones?	17
El elemento insospechado	18
Los ladrones	19
Material para comer y material para leer	20
Aventuras en el desierto	21
Las circunstancias alteran los casos	22
El alimento del manto	23
El sermón de Nasrudín	25
Su excelencia	27

Nasrudín y los sabios	36
Juicio	38
Primero lo primero	39
¿De quién fue ese disparo?	41
La cebadera mágica	43
Miedo	45
La túnica	48
Salvó su vida	50
Cuatro patas	52
Examen	54
El signo	56
Toda la culpa es de ella	57
Los modos de los extranjeros	58
Pie quemado	59
Lunas viejas	60
La letra de la ley	61
El gato está mojado	62
Dormir es una actividad	63
El niño es padre del hombre	64
Todo granito de arena ayuda	65
Profundidades ocultas	66
Al revés	67
Los principios del salvataje	68
Inadecuado	69
Sorprendiéndose a sí mismo	70
Su necesidad es mayor que la mía	71
Atrapado	72
De no ser por la gracia...	73
Igual a su padre	74
Enciende la vela	75

Aprendiendo a los golpes	76
Algo cayó	77
El último día	78
Tomaré las nueve	79
Él sabe la respuesta	80
Cómo debería ser un pájaro	81
El velo	82
Tu pobre madre anciana	83
Yo la conozco mejor	84
El secreto	85
No molestar a los camellos	86
La felicidad no está donde la buscas	87
Al que madruga…	88
La majestad del mar	89
Un instante en el tiempo	90
División del trabajo	91
Es mejor prevenir…	92
Todo lo que necesitaba era tiempo	93
Reduce tu consumo de bridas	94
En la corte	96
Casos teóricos	97
El ritmo de la vida	98
La muestra	99
El correo de otros	100
¿Por qué no me lo dijiste antes?	101
Oferta y demanda	102
El valor del pasado	103
Aplomo	104
Clases de día	105
Solo en el desierto	106

Doncella en apuros			107
Injusto			108
Lo que ha pasado antes...			109
Todo lo que necesitas			110
¿Por qué estamos esperando?			111
La inundación			113
El presagio			114
Los nabos son más duros			115
Cómo opinó Nasrudin			116
En medio de la vida			116
¿Despierto o dormido?			119
El atajo			121
Cambiemos de tema			122
La cuerda y el cielo			123
¿Quién soy yo?			124
Yo les habría mostrado			126
Tiene una sola falla			127
Sopa de pato			128

Introducción

Muchos países afirman que el Mulá Nasrudín es nativo de sus tierras, aunque pocos han ido tan lejos como Turquía al exhibir su tumba y celebrar un festival anual de Nasrudín en Eskishehir, el presunto lugar de su nacimiento, durante el cual la gente se disfraza y representa los famosos chistes.

Los griegos, que adoptaron pocas cosas de los turcos, consideran las bromas de Nasrudín como parte de su propio folklore. En la Edad Media, los cuentos de Nasrudín se utilizaban frecuentemente para burlarse de la autoridad odiosa. En tiempos más recientes, el Mulá se convirtió en héroe popular de la Unión Soviética cuando apareció en un film que lo mostraba siendo más listo que los malvados gobernantes del país.

Nasrudín se transforma en la figura árabe de Joha y reaparece en el folklore de Sicilia. Las historias que en Asia Central son atribuidas al corpus también figuran encarnadas por Baldakiev en Rusia, en el Don Quijote e incluso en el libro francés más antiguo, las Fábulas de Marie de France.

El Mulá es descrito de diversas maneras: como muy estúpido, increíblemente inteligente o poseedor de secretos místicos. Los derviches lo usan como figura para ilustrar, en sus enseñanzas, las travesuras características de la mente humana. Es tal la resiliencia de Nasrudín que la Turquía republicana, donde las órdenes derviches fueron suprimidas hace cuarenta años, publica folletos sobre él como parte de su atracción turística.

Los académicos han usado muchísima tinta en Nasrudín, aunque por lo general tenía poco tiempo para ellos. Dado que se comenta que el Mulá dijo: "En esta vida estoy patas para arriba", algunos han llegado incluso a invertir la supuesta fecha de su muerte, tratando de encontrar la verdad sobre el asunto.

Los Sufis, que creen que la intuición profunda es la única guía real hacia el conocimiento, usan estos cuentos casi como ejercicios. Piden a las personas que elijan algunos que les atraigan especialmente, y que reflexionen sobre ellos, haciéndolos propios. Los maestros de los derviches dicen que de esta manera se puede lograr un avance hacia una sabiduría superior.

Pero los Sufis están de acuerdo con aquellos que no siguen un camino místico, en que todos pueden hacer con los cuentos de Nasrudín aquello que la gente ha hecho a lo largo de los siglos: disfrutarlos.

Idries Shah

"El Mulá Nasrudín, jefe de los derviches y maestro de un tesoro escondido, un hombre perfeccionado... Muchos dicen: quería aprender, pero aquí solamente he encontrado locura. Sin embargo, si quisiesen buscar una sabiduría profunda en otra parte, acaso no la encuentren."

(de *Enseñanzas de Nasrudín*, manuscrito de Bujara de 1617, por Ablahi Mutlaq, *"The Utter Idiot"*)

La alternativa

"Soy un hombre hospitalario", dijo Nasrudín a un grupo de compinches en la casa de té.

"Muy bien, entonces llévanos a todos a cenar a tu casa", dijo el más glotón.

Nasrudín reunió a todo el grupo y comenzó a ir rumbo a su casa con ellos.

Cuando estaba a punto de llegar, dijo:

"Me adelantaré y le avisaré a mi mujer… ustedes esperen acá."

Su mujer lo abofeteó cuando le dio la noticia.

"No hay comida en la casa… haz que se vayan."

"No puedo hacer eso, mi reputación de hospitalario está en juego."

"Muy bien, entonces ve arriba y les diré que tuviste que salir."

Luego de casi una hora los invitados comenzaron a ponerse nerviosos y se apiñaron alrededor de la puerta, gritando: "Déjanos entrar, Nasrudín."

La mujer del Mulá salió a enfrentarlos.

"Nasrudín no está."

"Pero lo vimos entrar a la casa, y hemos estado mirando la puerta todo el tiempo."

Ella quedó en silencio.

El Mulá, observando todo desde una ventana de arriba, fue incapaz de contenerse. Asomándose, gritó: "Podría haber salido por la puerta de atrás, ¿no?"

Por qué estamos aquí

Una noche, caminando por una carretera desierta, el Mulá Nasrudín vio un grupo de jinetes que galopaba hacia él. Su imaginación comenzó a trabajar: se vio capturado y vendido como esclavo, o reclutado por el ejército.

Nasrudín salió disparado, trepó el muro de un cementerio y se acostó en una tumba abierta.

Perplejos por su extraño comportamiento, los hombres – viajeros honestos – lo siguieron.

Lo encontraron tendido, tenso y tembloroso.

"¿Qué haces en esa tumba? Te vimos huir. ¿Podemos ayudarte?"

"El hecho de que puedan hacer una pregunta no significa que haya una respuesta directa", dijo el Mulá, que ahora se dio cuenta de lo que había sucedido. "Todo depende de vuestro punto de vista. Sin embargo, si insisten en saberlo: *yo* estoy aquí por *ustedes*, y *ustedes* están aquí por *mí*."

Nunca se sabe cuándo podría ser útil

A veces Nasrudín trasladaba pasajeros en su bote. Un día, un exigente pedagogo lo contrató para que lo llevara al otro lado de un río muy ancho.

Apenas zarparon, el erudito preguntó si el cruce sería movido.

"No me preguntes algo sobre eso", dijo Nasrudín.

"¿Nunca has estudiado gramática?"

"No", dijo el Mulá.

"En ese caso, has desperdiciado la mitad de tu vida."

Nasrudín no dijo nada.

Al rato se desató una terrible tormenta. El pequeño bote del Mulá se estaba llenando de agua.

Se inclinó hacia su compañero.

"¿Alguna vez has aprendido a nadar?"

"No", dijo el pedante.

"En ese caso, profesor, has perdido TODA tu vida... porque nos estamos hundiendo."

¿Ves lo que quiero decir?

Nasrudín estaba arrojando puñados de migas alrededor de su casa.

"¿Qué estás haciendo?" le preguntó alguien.

"Manteniendo alejados a los tigres."

"¡Pero si en esta zona no hay tigres!"

"Así es. Eficaz, ¿no?"

Si una olla puede multiplicarse

Un día, Nasrudín prestó sus ollas a un vecino que estaba organizando un festín. El vecino las devolvió, pero había una de más: una ollita.

"¿Qué es esto?", preguntó Nasrudín.

"Según la ley, te he dado el fruto de tus bienes, que nació cuando las ollas estaban bajo mi cuidado", dijo el bromista.

Poco después, Nasrudín tomó prestadas las ollas de su vecino pero no las devolvió.

El hombre regresó para recuperarlas.

"¡Ay!", dijo Nasrudín, "están muertas. ¿Acaso no hemos establecido que las ollas son mortales?"

El contrabandista

UNA Y OTRA vez el Mulá pasaba de Persia a Grecia a lomo de burro. En cada viaje llevaba dos cestones llenos de paja, y regresaba caminando fatigosamente sin ellos. Y en cada ocasión la guardia lo revisaba buscando contrabando. Nunca le encontraron nada.

"¿Qué estás llevando, Nasrudín?"

"Soy un contrabandista."

Años más tarde, habiéndose vuelto notoriamente más y más próspero, Nasrudín se mudó a Egipto. Allí se encontró con uno de los aduaneros.

"Dime, Mulá, ahora que estás fuera de la jurisdicción de Grecia y Persia, viviendo aquí con tanto lujo: ¿qué era lo que contrabandeadas, que nunca pudimos agarrarte?"

"Burros."

Cómo Nasrudín creó la verdad

"Las leyes, por sí mismas, no hacen mejor a la gente", dijo Nasrudín al rey: "tienen que practicar ciertas cosas para lograr armonizarse con la verdad interior. Esta forma de verdad se asemeja muy poco a la verdad aparente."

El rey decidió que él podía hacer – y haría – que la gente dijese la verdad. Él podía obligarlos a practicar la veracidad.

A su ciudad se ingresaba por un puente. Sobre este hizo construir un patíbulo. Al día siguiente, cuando las puertas fueron abiertas al amanecer, el capitán de la guardia se encontraba apostado allí con un escuadrón para examinar a todo aquel que ingresase.

Se realizó un anuncio: "Todos serán interrogados. Si dicen la verdad, se les permitirá entrar. Si mienten, serán colgados."

Nasrudín dio un paso adelante.

"¿A dónde vas?"

"Yo estoy en camino", dijo Nasrudín lentamente, "a ser colgado."

"¡No te creemos!"

"Muy bien, si he mentido, ¡cuélguenme!"

"Pero si te colgamos por haber mentido, habremos hecho que lo que dijiste se haga realidad."

"Así es: ahora saben qué es la verdad... ¡SU verdad!"

El gato y la carne

Nasrudín le dio a su esposa una carne para que la cocinara pues tenían invitados. Cuando llegó la comida, no había carne; ella se la había comido.

"El gato se la comió, los tres kilos enteros," dijo ella.

Nasrudín puso al gato sobre la balanza. Pesaba tres kilos.

"Si este es el gato," dijo Nasrudín, "¿dónde está la carne? Si, por otro lado, esta es la carne... ¿dónde está el gato?"

Aquí hay más luz

Alguien vio a Nasrudín buscando algo en el suelo.

"¿Qué has perdido, Mulá?" preguntó.

"Mi llave," dijo Nasrudín. Entonces ambos se arrodillaron y comenzaron a buscarla.

Luego de un rato, el otro hombre preguntó: "¿Dónde se te cayó exactamente?"

"En mi propia casa."

"Entonces, ¿por qué estás buscando acá?"

"Es que aquí hay más luz que dentro de mi propia casa."

El tonto

Un filósofo, habiendo acordado una cita para debatir con Nasrudín, fue a buscarlo a su casa y descubrió que no estaba allí.

Furioso, levantó un pedazo de tiza y escribió "imbécil" sobre la puerta de Nasrudín.

Apenas llegó a su hogar, el Mulá vio esto y fue corriendo a la casa del filósofo.

"He olvidado", dijo, "que ibas a visitarme. Y te pido disculpas por no haber estado en casa. Por supuesto, recordé la cita apenas vi que habías dejado tu nombre en mi puerta."

Cocinando a la luz de la vela

Nasrudín hizo una apuesta de que podría pasar una noche en una montaña cercana y sobrevivir, a pesar del hielo y la nieve. En la casa de té, varios bromistas acordaron hacer de árbitros.

Nasrudín tomó un libro y una vela y pasó la noche más fría de su vida. Por la mañana, medio muerto, reclamó su dinero.

"¿No tenías nada para mantenerte abrigado?", preguntaron los aldeanos.

"Nada."

"¿Ni siquiera una vela?"

"Sí, tenía una vela."

"Entonces la apuesta queda anulada."

Nasrudín no discutió.

Algunos meses después, invitó a las mismas personas a un festín en su casa. Se sentaron en su sala de recepción, esperando la comida. Las horas pasaron.

Comenzaron a quejarse por la falta de comida.

"Vamos a echarle a un vistazo", dijo Nasrudín.

Todos entraron en manada a la cocina.

Encontraron una enorme olla con agua, debajo de la cual ardía una vela. El agua ni siquiera estaba tibia. "Todavía no está listo", dijo el Mulá. "No sé por qué... ha estado allí desde ayer."

El peligro no tiene favoritos

UNA SEÑORA TRAJO a su hijo pequeño a la escuela del Mulá.

"Se porta muy mal", explicó, "y quiero que lo asustes."

Nasrudín asumió una postura amenazadora, los ojos centellantes y la cara desfigurada. Saltó de un lado a otro, y de repente salió corriendo del edificio. La mujer se desmayó. Al recobrarse esperó al Mulá, quien regresó lenta y seriamente.

"¡Te pedí que asustaras al niño, no a mí!"

"Estimada señora", dijo Nasrudín, "¿acaso no se dio cuenta de que también yo estaba asustado de mí mismo? Cuando el peligro amenaza, amenaza a todos por igual."

La sal no es lana

Un día el Mulá llevaba a lomo de burro una carga de sal al mercado, y condujo al animal a través de un arroyo. La sal se disolvió.

El Mulá estaba enojado por la pérdida de su carga. El burro retozaba aliviado.

La próxima vez que pasó por allí, cargaba un montón de lana. Después de que el animal hubo atravesado el arroyo, la lana quedó completamente empapada y muy pesada. El burro se tambaleó bajo la mojada carga.

"¡Ja!", gritó el Mulá, "supusiste que *siempre* que pasaras por agua saldrías alivianado, ¿no?"

¿Pueden ser accidentales las buenas acciones?

El asno de Nasrudín corrió hacia un pequeño lago para beber. La orilla era muy empinada, y justo cuando estaba a punto de perder el equilibrio y caer dentro, las ranas comenzaron a croar fuertemente desde el agua.

Esto asustó tanto al burro, que reculó y así pudo salvarse.

Nasrudín tiró un puñado de monedas dentro del agua, exclamando: "Ranas, ustedes me han hecho un favor. Aquí va algo para que lo celebren."

El elemento insospechado

EN LO PROFUNDO de la noche, dos hombres tenían un altercado junto a la ventana de Nasrudín. El Mulá, envolviéndose con su única frazada, se levantó y salió corriendo con la intención de acallar el ruido.

Mientras intentaba razonar con los borrachos, uno de ellos le arrebató la frazada y ambos escaparon.

"¿Acerca de qué discutían?" preguntó su esposa cuando Nasrudín entró nuevamente a su casa.

"Debe de haber sido la frazada. Una vez que la consiguieron, la pelea terminó."

Los ladrones

AL ESCUCHAR RUIDOS extraños en su casa, el Mulá se asustó y se escondió en un armario.

En el curso de su búsqueda, los dos ladrones abrieron la puerta y lo encontraron acurrucado allí.

"¿Por qué te estás escondiendo de nosotros?", preguntó uno de ellos.

"Me escondo porque me siento avergonzado de que no haya nada en esta casa digno de vuestra atención."

Material para comer y material para leer

Nasrudín llevaba a casa un poco de hígado que acababa de comprar. En la otra mano tenía una receta de pastel de hígado que un amigo le había dado.

De repente, un buitre bajó en picada y le arrebató el hígado.

"¡Tonto!", gritó Nasrudín, "tú tendrás la carne... ¡pero todavía tengo la receta!"

Aventuras en el desierto

"Cuando estaba en el desierto", dijo Nasrudín un día, "hice correr a toda una tribu de horribles y sanguinarios beduinos."

"¿Cómo lograste eso?"

"Fácil. Solamente corrí, y ellos corrieron detrás de mí."

Las circunstancias alteran los casos

LLOVÍA TORRENCIALMENTE. AGA Akil, el hombre más santurrón del pueblo, estaba buscando refugio. "¿Cómo te atreves a huir de esa munificencia de Dios", tronó Nasrudín al verlo, "que es el líquido del cielo? Como hombre devoto, debes saber que la lluvia es una bendición para toda la creación."

El Aga estaba ansioso por mantener su reputación. "No lo había pensado de esa manera", murmuró, y alentando el paso llegó a casa completamente empapado. Por supuesto que se resfrió.

Poco después, estando sentado junto a su ventana envuelto con frazadas, vio a Nasrudín corriendo velozmente bajo la lluvia y lo desafió: "¿Por qué estás huyendo de las bendiciones divinas, Nasrudín? ¿Cómo te atreves a desdeñar la bendición que contiene?"

"Ah", dijo Nasrudín, "parece que no te das cuenta de que no quiero profanarla con mis pies."

El alimento del manto

Nasrudín escuchó que había un banquete en el pueblo cercano y que todos estaban invitados. Se dirigió hacia allí tan pronto como pudo. Cuando el maestro de ceremonias lo vio bajo su andrajoso manto, lo sentó en el lugar más discreto, lejos de la enorme mesa donde se servía con gran esmero y atención a las personas más importantes.

Nasrudín vio que pasaría al menos una hora antes de que los camareros llegaran al lugar donde estaba sentado. Entonces se levantó y se fue a su casa.

Se vistió con un manto y turbante magníficos, y regresó a la fiesta. Tan pronto como los heraldos del emir, su anfitrión, vieron su espléndido atavío, comenzaron a tocar el tambor de bienvenida y a hacer sonar las trompetas para estar a tono con semejante visitante de alto rango.

El chambelán salió del palacio y condujo al magnífico Nasrudín a un lugar casi al lado del emir. De inmediato le presentaron un plato repleto de comida maravillosa. Sin pausa, Nasrudín comenzó a frotar puñados de esta sobre su turbante y manto.

"Su Eminencia", dijo el príncipe, "tengo curiosidad sobre sus hábitos alimenticios, los cuales me resultan completamente novedosos."

"Nada especial", dijo Nasrudín; "el manto me permitió llegar aquí y me consiguió comida. ¿Acaso no merece su porción?"

El sermón de Nasrudín

Un día, los aldeanos decidieron hacerle una broma a Nasrudín. Como se suponía que era un hombre santo de algún tipo indefinible, fueron a verlo y le pidieron que predicara un sermón en la mezquita. Él aceptó.

Cuando llegó el día, Nasrudín subió al púlpito y habló:

"¡Oh, gente! ¿Saben lo que les voy a decir?"

"No, no lo sabemos", exclamaron.

"Mientras no lo sepan, no podré decirles. Son demasiado ignorantes para siquiera comenzar", dijo el Mulá, abrumado por la indignación de que esos ignorantes le hicieran perder su tiempo. Bajó del púlpito y se fue a su casa.

Ligeramente disgustada, una delegación regresó a su hogar y le pidió que predicara el viernes siguiente, el día de la oración.

Nasrudín comenzó su sermón con la misma pregunta que antes.

Esta vez la congregación respondió al unísono: "Sí sabemos."

"En ese caso", dijo el Mulá, "no es necesario que los demore. Pueden irse." Y volvió a casa.

Luego de haber sido convencido para predicar por tercer viernes consecutivo, comenzó su discurso como antes:

"¿Saben o no saben?"

La congregación estaba lista.

"Algunos de nosotros sabemos, y otros no."

"Excelente", dijo Nasrudín, "entonces dejen que los que saben comuniquen su conocimiento a los que no."

Y se fue a su casa.

Su excelencia

Por una serie de malentendidos y coincidencias, el Mulá Nasrudín se encontró un día en la sala de audiencias del Emperador de Persia.

El Shahinshah estaba rodeado de nobles y gobernadores de provincias y aduladores, todos ellos egoístas. Cada uno presionaba para ser nombrado embajador en la comitiva que pronto partiría hacia la India.

La paciencia del emperador estaba por acabarse, cuando alzó su rostro por encima de la impertinente masa, invocando mentalmente la ayuda del Cielo para resolver su problema respecto de a quién escoger; entonces su mirada cayó sobre Nasrudín.

"Este hombre ha de ser mi embajador", anunció, "y ahora déjenme en paz."

A Nasrudín le dieron espléndidos atuendos y un enorme baúl con rubíes, diamantes, esmeraldas y obras de arte de incalculable valor: todo como regalo del Shahinshah para el Gran Mogol.

Sin embargo, los cortesanos no se rindieron. Unidos por primera vez, ya que sus pretensiones habían sido insultadas, decidieron provocar la caída del Mulá. Primero irrumpieron en su habitación y robaron las joyas, las cuales se repartieron entre ellos, reemplazándolas con tierra para que el baúl tuviera el mismo peso. Después fueron a ver a Nasrudín, determinados a arruinar su embajada, a crearle dificultades y de paso desacreditar también a su amo.

"Felicitaciones, gran Nasrudín", le dijeron. "Lo que la Fuente de Sabiduría, Pavo Real del Mundo, ha ordenado debe ser la esencia de toda la sabiduría. Por lo tanto te saludamos. Pero hay solo un par de puntos sobre los cuales te podríamos aconsejar, ya que estamos acostumbrados a las conductas de los emisarios diplomáticos."

"Les estaría muy agradecido", dijo Nasrudín.

"Muy bien", dijo el jefe de los intrigantes. "La primera cosa es que debes ser humilde. Para poder probar cuán modesto eres, no deberías mostrar ninguna señal de autoimportancia. Cuando llegues a la India debes entrar a todas las mezquitas que puedas y hacer colectas para ti mismo. La segunda cosa es que debes observar la etiqueta cortesana del país en el cual has sido acreditado. Esto quiere decir que te referirás al Gran Mogol como 'la Luna Llena'."

"¿Pero, no es ese uno de los títulos del emperador de Persia?"

"No en la India."

Entonces Nasrudín partió. El emperador persa le dijo antes de salir: "Ten cuidado, Nasrudín.

Observa estrictamente la etiqueta, pues el Mogol es un emperador poderoso y debemos impresionarlo sin ofenderlo de ninguna manera."

"Estoy bien preparado, Majestad", dijo Nasrudín.

Apenas ingresó en territorio de la India, Nasrudín entró a una mezquita y subió al púlpito: "¡Oh gente!", gritó, "¡vean en mí al representante de la Sombra de Alá sobre la Tierra! ¡El Eje del Globo! Saquen su dinero, pues estoy haciendo una colecta."

Esto lo repitió en cada mezquita que encontró desde Baluchistán hasta la Delhi imperial.

Reunió una gran cantidad de dinero. "Haz lo que quieras con él", le habían dicho los consejeros, "pues es el producto del crecimiento intuitivo y de las dádivas y como tal, su uso creará su propia demanda." Todo lo que querían que sucediese era que el Mulá se expusiera al ridículo por recolectar dinero de esta forma tan "vergonzosa". "Los santos deben vivir de su santidad", vociferaba Nasrudín en una mezquita tras otra. "No rindo cuentas ni espero que se me rindan. Para ustedes el dinero es algo que atesoran después de haberlo conseguido. Lo pueden intercambiar por cosas materiales. Para mí, es parte de un mecanismo. Soy el representante de una fuerza natural de crecimiento intuitivo, dádiva y desembolso."

Ahora, como todos sabemos, el bien a menudo

proviene del mal aparente, y viceversa. Aquellos que creían que Nasrudín estaba llenando sus propios bolsillos, no contribuían. Por alguna razón, sus asuntos no prosperaban. Aquellos que eran considerados creyentes y dieron su dinero, se hicieron ricos de manera misteriosa. Pero regresemos a nuestra historia.

Sentado en el Trono del Pavo Real en Delhi, el emperador estudiaba los informes que los mensajeros le traían diariamente, describiendo el progreso del embajador persa. Al principio no les encontraba el sentido; luego convocó a su consejo.

"Caballeros", dijo, "este Nasrudín efectivamente debe de ser un santo o alguien guiado por la divinidad. Existe un principio de no pedir dinero sin una razón plausible, para evitar que alguien malinterprete el motivo. ¿Han escuchado alguna vez de alguien que haya violado dicho principio?"

"Que tu sombra nunca disminuya", contestaron todos, "oh, infinita extensión de toda la Sabiduría: estamos de acuerdo. Si hay hombres así en Persia, debemos estar atentos, pues es evidente su superioridad moral sobre nuestra perspectiva materialista."

Entonces llegó de Persia un mensajero con una carta secreta en la cual los espías del Mogol en la corte imperial le informaban: "el Mulá Nasrudín es un hombre irrelevante en Persia. Fue escogido como embajador absolutamente al azar.

No podemos desentrañar la razón por la cual el Shahinshah no fue más exigente."

El Mogol reunió a su consejo. "¡Incomparables Pájaros del Paraíso!", les dijo, "un pensamiento se ha manifestado en mí. El emperador persa ha escogido a un hombre al azar para representar a su nación entera. Esto puede significar que está tan confiado en la sólida calidad de su pueblo que, para él, *¡cualquiera está calificado para llevar a cabo la delicada tarea de ser embajador en la sublime corte de Delhi!* Esto indica el grado de perfección que han alcanzado, los sorprendentemente infalibles poderes intuitivos que son cultivados entre ellos. Debemos reconsiderar nuestro deseo de invadir Persia, pues tales personas podrían fácilmente aniquilar a nuestros ejércitos. Su sociedad está organizada sobre bases diferentes que las nuestras."

"¡Tienes razón, Guerrero Superlativo de las Fronteras!", dijeron los nobles indios.

Finalmente, Nasrudín llegó a Delhi. Iba montado en su viejo burro y seguido por su escolta, quien iba muy abrumado con los sacos de dinero que había recolectado en las mezquitas. El tesoro iba sobre un elefante debido a su tamaño y peso.

Nasrudín fue recibido en la puerta de Delhi por el maestro de ceremonias. El emperador estaba sentado con sus nobles en un inmenso patio, la Sala de Recepción de los Embajadores. Todo se había dispuesto para que la entrada fuera baja. Como consecuencia, los embajadores siempre se veían obligados a desmontar y a entrar a pie para presentarse ante la Presencia Suprema, dando así la impresión de ser suplicantes. Apenas unos pocos podían presentarse montados a caballo ante el Emperador.

Sin embargo, ningún embajador jamás había llegado montado en un burro, y por ende no había nada que impidiera a Nasrudín pasar por la puerta al trote y acercarse hasta el estrado imperial.

El rey indio y sus cortesanos intercambiaron miradas significativas ante este hecho.

Nasrudín desmontó alegremente, se dirigió al rey como "La Luna Llena" y pidió que le trajeran su tesoro.

Cuando fue abierto y la tierra revelada, hubo un momento de consternación.

"Mejor no digo nada", pensó Nasrudín, "pues no hay nada que pueda mitigar esto." Entonces se quedó callado.

El Mogol le susurró a su visir: "¿Qué significa esto? ¿Es un insulto a la Eminencia Suprema?"

Incapaz de creerlo, el visir pensó frenéticamente. Después brindó esta interpretación:

"Es un acto simbólico, oh Presencia", murmuró. "El Embajador está expresando que lo reconoce a usted como el Amo de la Tierra. ¿Acaso no lo llamó Luna Llena?"

El Mogol se tranquilizó. "Estamos contentos con la ofrenda del Shahinshah persa, pues no tenemos necesidad de riquezas y apreciamos la sutileza metafísica del mensaje."

"Se me ha encomendado decir", dijo Nasrudín, recordando la *frase esencial para la entrega de los regalos* que le habían dado los intrigantes en Persia, "que esto es todo lo que tenemos para su Majestad."

"Eso quiere decir que Persia no nos cederá un gramo más de su suelo", le susurró al rey el augurador.

"Dile a tu amo que entendemos", sonrió el Mogol. "Pero hay otro punto: si yo soy la Luna Llena, ¿qué es el emperador de Persia?"

"La Luna Nueva", dijo automáticamente Nasrudín.

"La Luna Llena es más madura y da más luz que la Luna Nueva, la cual es más joven", le susurró el astrólogo de la corte al Mogol.

"Estamos contentos", dijo el indio, encantado. "Puedes regresar a Persia y decirle a la Luna Nueva que la Luna Llena lo saluda."

Los espías persas en la corte de Delhi inmediatamente mandaron un informe completo de este diálogo al Shahinshah. Agregaron que era sabido que el emperador Mogol había quedado impresionado, y temía planear una guerra contra los persas debido a las actividades de Nasrudín.

Cuando regresó a casa, el Shahinshah recibió al Mulá con toda su corte. "Estoy más que contento, amigo Nasrudín", dijo, "con el resultado de tus métodos heterodoxos. Nuestro país está a salvo, y esto significa que no deberás explicar nada acerca de las joyas o de las colectas en las mezquitas. A partir de ahora serás conocido por el título especial de Safir: Emisario."

"Pero, Majestad", le susurró el visir, "este hombre es culpable de alta traición, y de más también. Tenemos evidencia perfecta de que aplicó uno de tus títulos al emperador de la India, cambiando así su lealtad y desprestigiando uno de tus magníficos atributos."

"Sí", vociferó el Shahinshah, "los sabios han dicho acertadamente que para cada perfección hay una imperfección. ¡Nasrudín! ¿Por qué me llamaste la Luna Nueva?"

"Yo no sé de protocolo", dijo Nasrudín, "pero sí sé que la Luna Llena está a punto de desaparecer y que la Luna Nueva aún está creciendo, con sus mayores glorias todavía por delante."

El humor del emperador cambió. "Detengan a Anwar, el Gran Visir", rugió. "¡Mulá, te ofrezco el puesto de Gran Visir!"

"¿Cómo podría aceptarlo", dijo Nasrudín, "después de ver con mis propios ojos lo que le sucedió a mi predecesor?"

¿Y qué pasó con las joyas y tesoros que los

malvados cortesanos habían usurpado del cofre? Esa es otra historia. Como dijo el incomparable Nasrudín: "Solo los niños y los estúpidos buscan causa y efecto en el mismo cuento."

Nasrudín y los sabios

Los filósofos, lógicos y doctores en derecho fueron convocados a la corte para interrogar a Nasrudín. Este era un caso grave, pues había admitido que iba de pueblo en pueblo diciendo: "Los así llamados sabios son ignorantes, indecisos y confusos." Fue acusado de socavar la seguridad del Estado.

"Puedes hablar primero", dijo el Rey.

"Que traigan papel y plumas", dijo el Mulá.

Se trajeron papel y plumas.

"Que les sean entregados a cada uno de los primeros siete sabios."

Fueron distribuidos.

"Haz que por separado escriban una respuesta a esta pregunta: '¿Qué es el pan?'"

Así se hizo.

Los papeles fueron entregados al Rey, quien los leyó en voz alta:

El primero decía: "El pan es un alimento."

El segundo: "Es harina y agua."

El tercero: "Un regalo de Dios."

El cuarto: "Masa horneada."

El quinto: "Puede variar según el sentido que tenga la palabra 'pan'."

El sexto: "Una sustancia nutritiva."

El séptimo: "Nadie lo sabe realmente."

"Cuando decidan qué es el pan", dijo Nasrudín, "les será posible decidir otras cosas. Por ejemplo, si tengo razón o no. ¿Puedes confiar asuntos que implican evaluación y juzgamiento a personas como estas? ¿Acaso no es extraño que no puedan ponerse de acuerdo sobre algo que comen todos los días, y sin embargo son unánimes en que soy un hereje?"

Juicio

Cuando el Mulá era juez en su pueblo, una figura desaliñada ingresó corriendo al juzgado exigiendo justicia.

"Me han emboscado y robado", exclamó, "a las afueras de esta aldea. Seguramente fue un lugareño. Exijo que encuentres al culpable. Se llevó mi túnica, mi espada e incluso mis botas."

"Déjame ver", dijo el Mulá, "¿no te quitó la camiseta? Veo que aún la llevas puesta."

"No, no lo hizo."

"En ese caso, él no era de este pueblo. Aquí las cosas se hacen a fondo. No puedo investigar tu caso."

Primero lo primero

PARA EL SUFI, quizás la mayor absurdidad en la vida es la forma en que las personas se esmeran por conseguir cosas – como el conocimiento – sin el equipamiento básico para adquirirlas. Han supuesto que todo lo que necesitan es "dos ojos, una nariz y una boca", como dice Nasrudín.

En el Sufismo, una persona no podrá aprender hasta que se encuentre en un estado en el que pueda percibir qué es lo que está aprendiendo y lo que significa.

Nasrudín fue un día a un pozo con un discípulo que quería saber "la verdad", para enseñarle este punto; también llevaba un cántaro.

El Mulá sacó un balde con agua y lo vertió en su cántaro. Luego sacó otro e hizo lo mismo. Mientras vertía el tercero, el discípulo no pudo contenerse más:

"Mulá, el agua se está acabando. Ese cántaro no tiene fondo."

Nasrudín lo miró indignado. "Estoy tratando de *llenar* el cántaro. Para ver cuándo está lleno, mis ojos están fijos en el *cuello* y no en el *fondo*. Cuando veo que el agua sube al cuello, el cántaro estará lleno. ¿Qué tiene que ver el fondo con eso? Solamente miraré el fondo del cántaro cuando esté interesado en él."

Esta es la razón por la cual los Sufis no hablan de cosas profundas con las personas que no están preparadas para cultivar el poder del aprendizaje; algo que solo un maestro puede enseñar a alguien que está lo suficientemente iluminado para decir: "Enséñame cómo aprender."

Hay un dicho Sufi: "La ignorancia es orgullo y el orgullo es ignorancia. El hombre que dice 'No se me tiene que enseñar cómo aprender', es orgulloso e ignorante". Nasrudín estaba ilustrando, en esta historia, la identidad de estos dos estados, que la humanidad común considera como diferentes.

De acuerdo con la técnica conocida como "oprobio", Nasrudín estaba representando el papel del hombre ignorante en esta farsa del cántaro. Este es un aspecto conocido de la técnica Sufi.

Su discípulo reflexionó sobre esta lección, vinculándola con otras acciones absurdas del Mulá. Una semana después, se acercó a Nasrudín y dijo: "Enséñame acerca del cántaro. Ahora estoy listo para aprender."

¿De quién fue ese disparo?

La feria estaba en pleno apogeo, y el discípulo más antiguo de Nasrudín preguntó si él y sus compañeros podrían visitarla.

"Ciertamente", dijo Nasrudín, "pues es una oportunidad ideal para continuar la enseñanza práctica."

El Mulá se dirigió directamente a la galería de tiro al blanco, una de las grandes atracciones: se ofrecían generosos premios por hacer diana una sola vez.

Ante la aparición del Mulá y su rebaño, la gente del pueblo se agrupó a su alrededor. Cuando Nasrudín mismo tomó el arco y las tres flechas, la tensión aumentó. Aquí, seguramente, se demostraría que Nasrudín a veces se excedía en sus ambiciones...

"Estúdienme atentamente". El Mulá flexionó el arco, giró su gorra hacia atrás como un soldado, apuntó con cuidado y disparó. La flecha pasó muy lejos del blanco.

La multitud rugió burlonamente y los discípulos de Nasrudín se turbaron, murmurando entre sí. El Mulá se volvió y los enfrentó a todos. "¡Silencio!

Esta fue una demostración de cómo dispara el soldado. A menudo erra el blanco. Es por eso que pierde guerras. En el momento en que disparé, estaba identificado con un soldado. Me dije: 'Soy un soldado, disparando al enemigo'."

Tomó la segunda flecha, la colocó en el arco y tensó la cuerda. El disparó quedó corto, a mitad de camino del blanco. Se hizo un silencio sepulcral.

"Ahora", dijo Nasrudín a la multitud, "han visto el disparo de un hombre que estaba demasiado ansioso por disparar, pues al haber fallado en su primer disparo estaba demasiado nervioso para concentrarse. La flecha se quedó corta."

Incluso el dueño de la atracción estaba fascinado por estas explicaciones. El Mulá se volvió con indiferencia hacia el blanco, apuntó y dejó volar su flecha. Dio en la diana.

Examinó exhaustivamente los premios, eligió el que más le gustaba y comenzó a alejarse. Estalló un clamor.

"¡Silencio!", dijo Nasrudín. "Que uno de ustedes me pregunte lo que aparentemente todos quieren saber."

Por un momento nadie habló. Entonces un palurdo se adelantó. "Queremos saber cuál de ustedes disparó el tercer tiro."

"¿Ese? Oh, ese fui *yo*."

La cebadera mágica

Un vendedor ambulante que planeaba instalar su puesto en el mercado vio a Nasrudín – acompañado de su burro – acercándose a él mientras contaba un puñado de monedas. Lo detuvo de inmediato. Con suerte, podría dar un golpe.

"Pareces un hombre de perspicacia excepcional", dijo; "¿quieres una cebadera mágica?"

"¿Qué puede hacer?"

"Mira y verás."

El mago metió la mano en la cebadera y sacó, primero un conejo, luego una pelota y finalmente una planta en su maceta. Nasrudín le dio ansiosamente su dinero.

"Solo una cosa", dijo el mago, queriendo ganar tiempo para seguir su camino, "no la molestes. Estas cebaderas son temperamentales. Y no le cuentes a muchos sobre esto. Al final todo estará bien."

Nasrudín había planeado pasar el descanso del mediodía en la casa de té local, pero ahora estaba tan emocionado que se dirigió directamente a casa con la cebadera en la mano. El calor aumentaba paulatinamente; él estaba cansado y sediento.

El Mulá se sentó a la vera del camino. "Cebadera mágica", dijo, "dame un vaso de agua."

Metió la mano en ella, pero estaba vacía.

"Ah", dijo Nasrudín, "tal vez solo está dando conejos, pelotas y plantas, porque es temperamental." Pensó que no haría daño probarlo.

"Está bien, entonces, dame un conejo."

No apareció ningún conejo.

"No te molestes conmigo, simplemente no entiendo las cebaderas mágicas". Cuando su burro estuvo molesto, reflexionó el Mulá, le había comprado una cebadera. Así que regresó al pueblo y compró un burro para su nuevo morral.

"¿Qué haces con dos burros?", gritó alguien.

"No entiendes", dijo el Mulá. "*No* son dos burros. Es un burro y su morral, y un morral y su burro."

Miedo

Nasrudín caminaba a la luz de la luna por un sendero solitario, cuando escuchó un ronquido que al parecer provenía desde un lugar debajo de sus pies. De repente tuvo miedo, y estaba a punto de correr cuando tropezó con un derviche que yacía en una celda semisubterránea que había cavado para sí mismo.

"¿Quién eres?", tartamudeó el Mulá.

"Soy un derviche, y este es mi lugar de contemplación."

"Tendrás que dejarme compartirlo. Tu ronquido me aterrorizó y ya esta noche no puedo seguir mi camino."

"Entonces toma el otro extremo de esta manta", dijo el derviche sin entusiasmo, "y acuéstate aquí. Por favor mantén silencio, porque estoy de vigilia. Es parte de una complicada serie de ejercicios. Mañana debo cambiar el patrón, y no tolero las interrupciones."

Nasrudín durmió un rato. Luego se despertó muy sediento.

"Tengo sed", le dijo al derviche.

"Entonces regresa al camino, donde hay un arroyo."

"No, todavía tengo miedo."

"Entonces iré por ti", dijo el derviche. Después de todo, proporcionar agua es una obligación sagrada en Oriente.

"No... no te vayas. Estar solo me dará miedo."

"Toma este cuchillo para defenderte", dijo el derviche.

Mientras el derviche estaba afuera Nasrudín se asustó aún más, generando una ola de ansiedad, que trató de contrarrestar al imaginar cómo atacaría a cualquier demonio que lo amenazara.

Al poco tiempo el derviche regresó.

"¡No te acerques o te mataré!", dijo Nasrudín.

"Pero soy el derviche", dijo el anfitrión.

"No me importa quién eres, puedes ser un demonio disfrazado. ¡Además, tienes la cabeza y las cejas afeitadas!" Los derviches de esa Orden se afeitan la cabeza y las cejas.

"¡Pero he venido a traerte agua! ¿No te acuerdas? ¡Tienes sed!"

"¡No trates de congraciarte conmigo, Demonio!"

"¡Pero es mi celda la que estás ocupando!"

"Qué mala suerte la tuya, ¿no? Sólo tendrás que encontrar otra."

"Supongo que sí", dijo el derviche, "pero realmente no sé qué pensar de todo esto."

"Puedo decirte una cosa", dijo Nasrudín, "y es que el miedo es multidireccional."

"Ciertamente parece ser más fuerte que la sed o la cordura o la propiedad de otras personas", dijo el derviche.

"¡Y no tienes que tenerlo tú mismo para sufrirlo!", dijo Nasrudín.

La túnica

Un día, Nasrudín fue visitado por su viejo amigo Jalal. El Mulá dijo: "Estoy encantado de verte después de tanto tiempo. Sin embargo, estoy a punto de comenzar una ronda de visitas. Ven, camina conmigo así podremos hablar."

"Préstame una túnica decente", dijo Jalal, "porque, como ves, no estoy vestido para visitar a nadie." Nasrudín le prestó una túnica muy fina.

En la primera casa, el Mulá presentó a su amigo. "Este es mi antiguo compañero Jalal; ¡pero la túnica que lleva puesta es mía!"

En camino al próximo pueblo, Jalal dijo: "¡Qué tontería fue decir 'esta túnica es mía'! No lo vuelvas a hacer." Nasrudín lo prometió.

Cuando estaban cómodamente sentados en la siguiente casa, el Mulá dijo: "Este es Jalal, un viejo amigo que vino a visitarme. Pero la túnica: ¡la túnica es *suya*!"

Cuando se fueron, Jalal estaba tan molesto como antes. "¿Por qué dijiste eso? ¿Estás loco?"

"Solo quería enmendar el daño. Ahora estamos a mano."

"Si no te importa", dijo Jalal, lenta y

cuidadosamente, "no diremos nada más sobre la túnica." Nasrudín lo prometió.

En el tercer y último lugar que visitaron, Nasrudín dijo: "Les presento a mi amigo Jalal. Y la túnica, la túnica que lleva puesta... Pero no debemos decir nada sobre la túnica, ¿verdad?"

Salvó su vida

Cuando Nasrudín estuvo en la India pasó cerca de un edificio de aspecto extraño, ante cuya entrada estaba sentado un ermitaño. Tenía un aire de abstracción y calma, y Nasrudín pensó que haría algún tipo de contacto con él. "Seguramente", pensó, "un filósofo devoto como yo debe tener algo en común con este individuo piadoso."

"Soy un yogui", dijo el anacoreta, en respuesta a la pregunta del Mulá. "Y estoy dedicado al servicio de todas las cosas vivientes, especialmente de las aves y los peces."

"Te ruego que me permitas acompañarte", dijo Nasrudín, "porque, tal como supuse, tenemos algo en común. Tus sentimientos me atraen fuertemente, pues en una ocasión un pez me salvó la vida."

"¡Pero cuán gratamente notable!", dijo el yogui. "Estaré encantado de admitirte en nuestra compañía. A pesar de todos mis años de devoción a la causa de los animales, nunca he tenido el privilegio de lograr con ellos una comunión tan íntima como tú. ¡Salvó tu vida! Esto corrobora ampliamente nuestra doctrina de que todo el reino animal está interconectado."

Entonces Nasrudín se sentó con el yogui durante algunas semanas, contemplando su ombligo y aprendiendo varias posturas curiosas.

Finalmente el yogui le preguntó: "Si te sientes capaz, ahora que nos conocemos mejor, de comunicarme tu experiencia suprema con el pez salvador de vidas, sería un honor para mí."

"Ahora que he escuchado más acerca de tus ideas", dijo el Mulá, "no estoy tan seguro de que sea así."

Pero el yogui lo presionó, con lágrimas en los ojos, llamándolo "Maestro" y restregando ante él su frente en el polvo.

"Muy bien, si insistes", dijo Nasrudín, "aunque no estoy muy seguro de que estés listo (empleando tu lenguaje) para la revelación que tengo que compartirte. El pez ciertamente me salvó la vida. Estaba al borde de la inanición cuando lo pesqué. Me proporcionó alimento durante tres días."

Cuatro patas

"Que se le provea alimento a los cuadrúpedos", ordenó un noble afectado e imperioso, desmontando en el patio de Nasrudín, "y condúceme a las recámaras inductoras de tranquilidad, donde se me podrá deleitar con nutrientes adecuados."

Dado que era difícil rechazar a tales miembros de la Corte del Sultán, Nasrudín corrió a cumplir con sus órdenes.

Cuando el intruso estaba instalado en el mejor sofá, bebiendo el café de Nasrudín, el Mulá trajo al Kazi (magistrado) para presentárselo.

"Oh gran noble", dijo Nasrudín, "¿tienes tierras?"

"Un millón de *jeribs*."

"¿Y utilizas cuadrúpedos para arar?"

"Sí, por supuesto."

"¿Me comprarías dos docenas de cuadrúpedos a un precio de cinco piezas de plata cada uno?"

El patricio sabía que los animales de tiro valían cien piezas de plata. Ansiosamente asintió.

Nasrudín salió y compró veinticuatro conejos por una pieza de plata cada uno. Presentó estos cuadrúpedos al noble, quien apeló al Kazi.

"Debemos cumplir con la ley al pie de la letra", dijo el pedante, "y defiendo el argumento de que los conejos tienen cuatro patas."

Examen

HABÍA MUCHÍSIMA INQUIETUD en el país, y el Rey había enviado una "delegación cultural" a recorrer las aldeas para tranquilizar a la gente. La población quedaba de lo más impresionada ante su paso, pues ellos amasaban una enorme cantidad de conocimiento y experiencia.

Uno era escritor, otro sacerdote, un tercero era miembro de la familia real. Había un abogado, un soldado, un comerciante y muchos otros. En cada lugar donde se detenían, convocaban una reunión en el espacio abierto más cercano y la gente se reunía y les hacían preguntas.

Cuando llegaron al pueblo de Nasrudín, una gran muchedumbre encabezada por el alcalde les dio la bienvenida. Se formularon y respondieron preguntas, y en alguna medida todos fueron influidos por el despliegue y la importancia de la delegación.

Nasrudín llegó tarde, pero dado que era una celebridad local fue empujado hacia adelante. "¿Qué hacen aquí?", preguntó.

El jefe de la delegación sonrió compasivamente. "Somos un equipo de expertos, y estamos aquí para responder todas las preguntas que las personas no pueden responder por sí mismas. Y tú, por favor, ¿quién eres?"

"Oh, yo", dijo Nasrudín a la pasada, "será mejor que me tengas aquí, en la plataforma." Subió para ubicarse al lado de los dignatarios.

"Estoy aquí, como verás, para responder las preguntas cuyas respuestas *ustedes* no conocen. ¿Comenzamos con algunas de las cosas que los desconciertan a *ustedes*, doctos caballeros?"

El signo

Nasrudín afirmaba tener conocimientos de las estrellas.

"¿Bajo qué signo naciste, Mulá?"

"Propiedad privada: ¡no entrar!"

"No, no, el signo del zodiaco."

"Oh, ya veo. Bueno, el signo del burro."

"¿El signo del burro? No recuerdo ese."

"Bueno, eres mayor que yo. Desde tu época han aparecido algunos nuevos, ¿sabes?"

Toda la culpa es de ella

Nasrudín intentó acorralar a un ternero, pero este se resistía. Entonces el Mulá se acercó a la madre y comenzó a recriminarla.

"¿Por qué le estás gritando a esa vaca?", preguntó alguien.

"Es todo culpa suya", dijo Nasrudín, "pues debería haberle enseñado mejor a su hijo."

Los modos de los extranjeros

Nasrudín penetró en un huerto y comenzó a recoger albaricoques. De repente, el jardinero lo vio. El Mulá trepó instantáneamente a un árbol.

"¿Qué haces aquí?", preguntó el jardinero.

"Cantando. Soy un ruiseñor."

"Muy bien, ruiseñor: déjame escucharte cantar."

Nasrudín gorjeó algunas notas desafinadas, tan distintas de las de un pájaro, que el jardinero se echó a reír.

"Nunca había oído a un ruiseñor de ese tipo", dijo.

"Evidentemente no has viajado", dijo el Mulá. "Elegí la canción de un ruiseñor raro y exótico."

Pie quemado

Un analfabeto visitó a Nasrudín y le pidió que escribiera una carta en su nombre.

"No puedo," dijo el Mulá, "porque me he quemado el pie."

"¿Qué tiene que ver eso con escribir una carta?"

"Dado que nadie puede entender mi letra, estoy obligado a tener que viajar a algún lado para interpretar la carta. Y mi pie está dolorido; entonces no tiene sentido escribir la carta, ¿verdad?"

Lunas viejas

"¿Qué hacen con la luna vieja cuando hay una nueva", le preguntó un bromista a Nasrudín.

"La cortan en pedazos. Cada luna vieja se convierte en cuarenta estrellas."

La letra de la ley

Nasrudín encontró un anillo valioso en la calle. Quería quedárselo. Pero según la ley, quien encontrara un objeto tenía que ir al mercado y pregonar el hecho tres veces.

El Mulá fue a la plaza a las tres de la mañana y gritó tres veces: "He encontrado tal y tal anillo."

Al tercer grito, la gente estaba inundando las calles.

"¿De qué se trata, Mulá?", preguntaron.

"La ley establece una repetición triple", dijo Nasrudín, "y por lo que sé, podría estar incumpliéndola si digo lo mismo una cuarta vez. Pero les diré algo más: sí, soy el dueño de un anillo de diamantes."

El gato está mojado

Nasrudín aceptó un trabajo como sereno. Su amo lo llamó y le preguntó si estaba lloviendo. "Tengo que ir a ver al Sultán, y mi capa favorita no es de tinte firme. Si está lloviendo se arruinará."

Ahora bien, Nasrudín era muy vago; y además se enorgullecía de ser un maestro de la deducción. Al ver que el gato acababa de entrar completamente empapado, dijo:

"Señor, está lloviendo a cántaros."

El amo pasó un rato engalanándose con otras ropas lujosas, salió y descubrió que no llovía. El gato había sido empapado por alguien que le arrojó agua para asustarlo.

Nasrudín fue despedido.

Dormir es una actividad

Nasrudín quería robar algo de fruta de un puesto, pero el dueño tenía un zorro que vigilaba. Por casualidad oyó al hombre decirle a su zorro: "Los zorros son más hábiles que los perros, y quiero que vigiles el puesto con astucia. Siempre hay ladrones por ahí. Cuando veas que alguien está haciendo algo, pregúntate por qué lo está haciendo y si puede estar relacionado con la seguridad del puesto."

Cuando el hombre se hubo marchado, el zorro se ubicó al frente del puesto y vio a Nasrudín merodeando en un jardín vecino. El Mulá se tumbó de inmediato y cerró los ojos. El zorro pensó: "Dormir no es *hacer* algo."

Mientras observaba a Nasrudín, él también comenzó a sentirse cansado. Se echó y se quedó dormido.

Entonces Nasrudín pasó furtivamente a su lado y robó un poco de fruta.

El niño es padre del hombre

Nasrudín llegó a una carrera de caballos, abierta a todo el mundo, montado en el más lerdo de los bueyes. Todos se rieron, pues un buey no puede correr.

"Pero lo he visto, cuando era solo un ternero, correr más rápido que un caballo", dijo Nasrudín. "Entonces, ahora que es más grande, ¿por qué no habría de correr aun más rápido?"

Todo granito de arena ayuda

Nasrudín cargó su asno con leña y, en lugar de sentarse sobre la montura, se sentó a horcajadas sobre uno de los troncos.

"¿Por qué no te sientas en la montura?", preguntó alguien.

"¿Perdón? ¿Y agregar mi peso al que el pobre animal tiene que cargar? Mi peso está sobre la *madera* y allí se quedará."

Profundidades ocultas

Un día, el Mulá estaba en el mercado y vio que se vendían unas aves a quinientos reales cada una. "Mi ave", pensó, "que es más grande que cualquiera de estas, vale muchísimo más."

Al día siguiente, llevó su gallina preferida al mercado. Nadie le ofreció más de cincuenta reales por ella. El Mulá comenzó a gritar:

"¡Oh, gente! ¡Esto es una desgracia! Ayer ustedes vendían aves que tenían la mitad de tamaño que esta, a un precio diez veces mayor."

Alguien lo interrumpió: "Nasrudín, esos eran loros, pájaros parlantes. Son más caros porque hablan."

"¡Tonto!", dijo Nasrudín. "Solo valoran a esas aves porque pueden hablar. Y sin embargo rechazan a esta, que tiene pensamientos maravillosos y no molesta a las personas con su parloteo."

Al revés

Nasrudín fue visitado por algunos estudiantes, quienes les preguntaron si podían escuchar sus lecciones. Él aceptó, y partieron rumbo a la sala de conferencias caminando detrás del Mulá, que había montado su burro al revés.

La gente comenzó a mirarlo fijamente. Pensaban que Nasrudín debía ser un tonto y que los estudiantes que lo seguían eran aun más tontos. ¿Quién, después de todo, camina detrás de un hombre que monta un burro al revés?

Pasado un rato, los estudiantes comenzaron a inquietarse y le dijeron a Nasrudín:

"¡Oh Mulá! La gente nos está mirando. ¿Por qué montas de esta manera?"

Nasrudín frunció el ceño. "Están pensando más en lo que la gente cree, que en lo que estamos haciendo", dijo. "Se los explicaré. Si ustedes caminasen delante mío, esto implicaría una falta de respeto para conmigo pues me estarían dando la espalda. Si yo caminara detrás, lo mismo sería cierto. Si yo les diese la espalda pues voy montando adelante, esto mostraría una falta de respeto con ustedes. Esta es la única forma de hacerlo."

Los principios del salvataje

NASRUDÍN NO ESTABA seguro con cuál de dos mujeres se casaría. Un día ambas lo arrinconaron y le preguntaron a quién amaba más.

"Hagan la pregunta dentro de un contexto práctico y trataré de contestarla", les dijo.

"Si ambas cayéramos al río, ¿a cuál salvarías?", le preguntó la más grácil y bonita.

El Mulá se volvió hacia la otra, una obesa pero adinerada muchacha: "¿Sabes nadar, querida?"

Inadecuado

"Levanta esta bolsa y llévala a mi casa", le dijo Nasrudín a un changador en el mercado.

"A su servicio, Efendi. ¿Dónde queda su casa?"

El Mulá lo miró horrorizado. "Eres un rufián con mala fama y probablemente un ladrón. ¿Crees que voy a decirte dónde queda mi casa?"

Sorprendiéndose a sí mismo

Bedar, el sereno, pescó en plena noche al Mulá forzando desde afuera la ventana de su propio dormitorio.

"¿Qué estás haciendo, Nasrudín? ¿Te quedaste afuera?"

"¡Silencio! Dicen que camino dormido. Estoy tratando de sorprenderme y averiguarlo."

Su necesidad es mayor que la mía

Un día el Mulá trajo a su casa un pan de jabón y le pidió a su esposa que le lavara la camisa.

Apenas ella comenzó a enjabonar la camisa, un cuervo enorme bajó en picada, arrebató el jabón y se alejó volando hasta posarse sobre una rama.

Ella lanzó un grito furioso.

El Mulá salió corriendo de la casa. "¿Qué pasó, cariño?"

"¡Justo cuando comenzaba a lavar tu camisa, ese cuervo enorme bajó y robó el jabón!"

Nasrudín estaba completamente tranquilo. "Mira el color de mi camisa, y observa la vestimenta del cuervo. Su necesidad era indudablemente mayor que la mía. Me parece bien que haya podido obtener el jabón... incluso a costa mía."

Atrapado

EL REY ENVIÓ una misión privada a la campiña para encontrar un hombre modesto que pudiera ser nombrado juez. Nasrudín se enteró.

Cuando la delegación – haciéndose pasar por viajeros – lo visitó, descubrieron que tenía una red de pescar sobre los hombros.

"¿Por qué", preguntó uno de ellos, "llevas puesta esa red?"

"Simplemente para recordar mis orígenes humildes, pues una vez fui pescador."

Nasrudín fue nombrado juez debido a este noble sentimiento.

Al visitar un día su corte, uno de los funcionarios que lo había visto por primera vez le preguntó: "¿Qué pasó con tu red, Nasrudín?"

"Seguramente una red es innecesaria", dijo el juez Mulá, "una vez que el pez ha sido atrapado."

De no ser por la gracia...

AL VER EN la penumbra del jardín a una figura blanca, Nasrudín le pidió a su esposa que le alcanzara el arco y las flechas. Hizo blanco, salió a ver qué era y regresó casi a punto de desmayarse.

"Me salvé por los pelos. Imagínate. Si hubiera estado dentro de esa camisa mía que está colgada allí secándose, habría muerto. La flecha atravesó el corazón."

Igual a su padre

Algunos de los niños del Mulá jugaban en los alrededores de la casa, y alguien le preguntó a uno de los pequeños:

"¿Qué es una berenjena?"

El hijo y heredero respondió de inmediato: "Un becerro malva que aún no ha abierto los ojos."

Loco de contento, Nasrudín lo alzó y le besó la cabeza y los pies.

"¿Oyeron eso? ¡Igual a su padre! Y YO nunca se lo dije... ¡lo inventó él solito!"

Enciende la vela

Nasrudín estaba sentado hablando con un amigo cuando caía la noche.

"Enciende una vela", dijo el hombre, "porque ahora está oscuro. Hay una justo a tu izquierda."

"¡Tonto! ¿Cómo hago para distinguir mi derecha de mi izquierda en la oscuridad?", preguntó el Mulá.

Aprendiendo a los golpes

Si le dices algo a una persona empleando muchas palabras, ello le resbalará y no será absorbido. Los métodos prácticos son esenciales.

Un fakir le pidió a Nasrudín que bajara del techo de su casa, en el cual estaba trabajando. Cuando el Mulá puso un pie en el suelo, el hombre dijo: "Dame limosnas."

"¿Por qué no me lo pediste cuando estaba arriba?", preguntó el Mulá.

"Estaba avergonzado", dijo el hombre.

"No tengas falso orgullo", dijo Nasrudín, "sube al techo."

Tan pronto como llegaron a la parte superior de la casa, y Nasrudín hubo recomenzado su trabajo, le dijo al hombre: "No, no tengo limosnas para ti."

Algo cayó

La esposa de Nasrudín corrió hacia su habitación cuando escuchó un tremendo golpe.

"Nada de qué preocuparse", dijo el Mulá, "fue solo mi manto lo que cayó al suelo."

"¿Qué? ¿E hizo semejante ruido?"

"Sí, lo que pasa es que yo estaba dentro de él cuando se cayó."

El último día

Los vecinos de Nasrudín codiciaban su cordero cebado, y a menudo intentaban convencerlo de que lo matara para que hiciera un festín. Todos los planes fracasaron; hasta que un día lo convencieron de que en menos de veinticuatro horas llegaría el fin del mundo. "En ese caso", dijo el Mulá, "bien podríamos comerlo."

Y entonces tuvieron un banquete.

Al terminar de comer, se quitaron las chaquetas y se acostaron a dormir. Después de varias horas, los invitados se despertaron y descubrieron que Nasrudín había apilado todas esas prendas sobre el fuego y las había quemado.

Rugieron de furia, pero Nasrudín estaba tranquilo: "Hermanos míos, mañana es el fin del mundo, ¿recuerdan? ¿Qué necesidad tendrán entonces de sus chaquetas?"

Tomaré las nueve

Nasrudín se vio a sí mismo recibiendo monedas en un sueño. Cuando hubo nueve piezas de plata en su mano, el donante invisible dejó de dárselas.

Nasrudín gritó tan fuerte "¡Debo tener diez!", que se despertó.

Al darse cuenta de que todo el dinero había desaparecido, volvió a cerrar los ojos y murmuró: "Está bien, entonces, devuélvemelas... acepto las nueve."

Él sabe la respuesta

El toro de un turcomano rompió la cerca de Nasrudín y corrió de regreso a su dueño. El Mulá lo siguió y comenzó a azotarlo.

"¿Cómo te atreves a fustigar a mi toro?", rugió el enfurecido turcomano.

"Tú no te metas", dijo Nasrudín; "*él* sabe de qué se trata. El asunto es entre nosotros dos."

Cómo debería ser un pájaro

Un día Nasrudín encontró a un fatigado halcón sentado en el alféizar.

Jamás había visto un pájaro de este tipo.

"Pobrecito", dijo, "¿cómo es que se te permitió llegar a semejante estado?"

Cortó las garras del halcón, le enderezó el pico y recortó sus plumas.

"Ahora te pareces más a un pájaro", dijo Nasrudín.

El velo

Era el día de la boda del Mulá. El matrimonio había sido arreglado, y él nunca había visto el rostro de su esposa. Cuando ella se quitó el velo despúes de la ceremonia, él se dio cuenta de que era extremadamente fea.

Mientras aún estaba aturdido por este impacto, ella le preguntó:

"Ahora, mi amor, dime tus órdenes. ¿Frente a quién deberé usar el velo, y a quién se me permitirá mostrar mi rostro?"

"Muestra tu rostro a quien quieras", gruñó el Mulá, "siempre y cuando no me lo muestres a mí."

Tu pobre madre anciana

La esposa de Nasrudín, enojada con él por alguna razón, le trajo la sopa hirviendo con la esperanza de que le escaldara la boca. Apenas la dejó sobre la mesa, se olvidó por completo y tomó una cucharada sin enfriarla. Se le llenaron los ojos de lágrimas, pero aún esperaba que el Mulá bebiera un poco de la sopa hirviendo.

"¿Por qué lloras?", le preguntó.

"Mi pobre madre anciana, justo antes de morir, tomó una sopa como esta. El recuerdo me hizo llorar."

Nasrudín se volvió hacia su sopa y sorbió una cucharada hirviente. Las lágrimas pronto comenzaron a correr también por sus mejillas.

"¿Qué pasa, Nasrudín? ¿No me digas que estás llorando?"

"Sí", dijo el Mulá, "lloro al pensar que tu pobre madre anciana murió y te dejó con vida."

Yo la conozco mejor

La gente corrió a decirle al Mulá que su suegra había caído al río. "Ella será arrastrada al mar, pues el torrente es muy rápido aquí", exclamaron.

Sin dudarlo un momento, Nasrudín se zambulló al río y comenzó a nadar aguas arriba.

"¡No!", gritaron, "¡*río abajo*! Esa es la única forma en que una persona puede ser arrastrada desde aquí."

"¡Escuchen!", jadeó el Mulá, "conozco a la madre de mi esposa. Si todos los demás son arrastrados río abajo, el lugar para buscarla *a ella* es río arriba."

El secreto

Un aspirante a discípulo acosaba a Nasrudín, haciéndole una pregunta tras otra. El Mulá contestaba todas, y se daba cuenta de que el hombre no estaba completamente satisfecho; aunque de hecho sí estaba progresando.

Finalmente el hombre dijo: "Maestro, necesito una guía más explícita."

"¿Cuál es el problema?"

"Tengo que seguir haciendo cosas; y aunque progreso, quiero moverme más rápido. Por favor dime un secreto, tal como he escuchado que haces con los demás."

"Te lo diré cuando estés listo para ello."

Un poco más tarde el hombre volvió a insistir con el mismo tema.

"Muy bien. Sabes que necesitas emularme, ¿no?"

"Sí."

"¿Puedes guardar un secreto?"

"Nunca se lo diría a nadie."

"Entonces, mira cómo guardo un secreto tan bien como tú."

No molestar a los camellos

Nasrudín estaba vagando en un cementerio. Tropezó y cayó en una tumba vieja. Comenzando a visualizar cómo se sentiría estando muerto, escuchó un ruido. De repente se le ocurrió que el Ángel del Juicio Final venía por él... aunque solo era una caravana de camellos que pasaba por allí.

El Mulá saltó fuera de la tumba y cayó del otro lado de una pared, provocando la estampida de varios camellos. Los camelleros lo apalearon.

Angustiado, fue corriendo a su casa. Su esposa le preguntó cuál era el problema y por qué llegaba tan tarde.

"He estado muerto", dijo Nasrudín.

Interesada, a pesar de sí misma, le preguntó cómo era.

"No está nada mal... a menos que molestes a los camellos. Porque en tal caso te golpearán."

La felicidad no está donde la buscas

Nasrudín vio a un hombre sentado desconsoladamente a la vera del camino y le preguntó qué lo afligía.

"No hay nada de interés en la vida, hermano", dijo el hombre. "Tengo suficiente capital para no tener que trabajar, y estoy viajando sólo para buscar algo más interesante que la vida que tengo en casa. Hasta ahora no lo he encontrado."

Sin decir una palabra más, Nasrudín agarró la mochila del viajero y partió corriendo como una liebre por el camino. Dado que conocía el área, lo dejó fácilmente atrás.

El camino era sinuoso y Nasrudín tomó varios atajos, terminando muy por delante del hombre al que había robado. Puso la mochila a la vera del camino y esperó oculto a que el otro lo alcanzara.

Al ratito apareció el desdichado viajero, siguiendo el tortuoso camino, más infeliz que nunca por su pérdida. Apenas divisó su mochila, corrió hacia ella gritando de alegría.

"Esa es una forma de producir felicidad", dijo Nasrudín.

Al que madruga...

"Nasrudín, hijo mío, levántate temprano por la mañana."

"¿Por qué, padre?"

"Es un buen hábito. Una vez me levanté al amanecer y salí a caminar. Encontré en el sendero un saco lleno de oro."

"¿Cómo sabías que no lo habían perdido la noche anterior?"

"Ese no es el punto. De todas formas, noté que la noche anterior no estaba allí."

"Entonces el levantarse temprano no le da buena suerte a todo el mundo. La persona que perdió el oro debe de haberse levantado antes que tú."

La majestad del mar

Majestuosamente las olas se lanzaban sobre las rocas, cada curva de azul intenso era coronada por la blanquísima espuma. Al observar este espectáculo por vez primera, Nasrudín quedó momentáneamente abrumado.

Luego se acercó a la orilla, juntó un poco de agua con su mano ahuecada y la probó.

"Caramba", dijo el Mulá, "y pensar que no vale la pena beber algo que tiene semejantes pretensiones."

Un instante en el tiempo

"¿Qué es el destino?", le preguntó un erudito a Nasrudín.

"Una sucesión interminable de eventos entrelazados, cada uno influyendo en el otro."

"Esa no es una respuesta satisfactoria. Yo creo en causa y efecto."

"Muy bien", dijo el Mulá, "mira eso". Señaló una procesión que pasaba por la calle.

"A ese hombre lo están llevando al patíbulo para colgarlo. ¿Es porque alguien le dio una pieza de plata y le permitió comprar el cuchillo con el que cometió el asesinato? ¿O porque alguien lo vio hacerlo? ¿O porque nadie se lo impidió?"

División del trabajo

Un barco, cuyo único pasajero era el Mulá, fue atrapado en un tifón. Después de haber hecho todo lo posible para salvar el barco, el capitán y la tripulación se arrodillaron y comenzaron a rezar por la salvación.

Nasrudín permaneció tranquilo.

El capitán abrió sus ojos, vio al Mulá parado allí, se levantó de un salto y exclamó: "¡Arrodíllate! Tú, hombre devoto, deberías rezar con nosotros."

Nasrudín no se movió. "Apenas soy un pasajero. Todo lo concerniente a la seguridad de este barco es asunto tuyo, no mío."

Es mejor prevenir...

La esposa del Mulá tenía una amiga a la cual solía darle la comida que Nasrudín traía para la cena. Un día dijo: "¿Cómo es que traigo comida a casa y parece que nunca la veo?"

"El gato la roba."

Nasrudín corrió a buscar su hacha y la guardó dentro de un cofre.

"¿Por qué haces eso?", preguntó su esposa.

"La estoy ocultando", dijo el Mulá, "porque si el gato puede robar una carne que vale unos centavos, es muy probable que se fije en un hacha que vale diez veces más."

Todo lo que necesitaba era tiempo

El Mulá compró un burro. Alguien le dijo que tendría que darle una cierta cantidad de comida todos los días; esto le pareció demasiado. Decidió hacer un experimento: acostumbrarlo a comer menos. Y entonces día tras día comenzó a reducirle sus porciones.

Finalmente, cuando redujo la ración a casi nada, el burro cayó muerto.

"Lástima", dijo el Mulá. "Si hubiera tenido un poco más de tiempo antes de que muriera, podría haberlo acostumbrado a vivir sin comer nada."

Reduce tu consumo de bridas

AL VISITAR A un amigo enfermo, Nasrudín llegó justo al mismo tiempo que el doctor. El hombre estuvo en la casa menos de un minuto, y la rapidez de su diagnóstico dejó pasmado al Mulá.

Primero el médico miró la lengua del paciente, luego hizo una pausa. Entonces dijo: "Has estado comiendo manzanas verdes. Deja de hacerlo. Estarás bien en un par de días."

Olvidando todo lo demás, el Mulá siguió al médico hasta alcanzarlo fuera de la casa. "Dígame, doctor", jadeó, "por favor dígame cómo lo hace."

"Es bastante simple, cuando tienes experiencia para distinguir varias situaciones", dijo el médico. "Verás, apenas supe que el hombre tenía dolor de estómago busqué una causa. Cuando entré a la habitación del enfermo, vi un montón de cáscaras de manzanas verdes debajo de la cama del paciente. El resto era obvio."

Nasrudín le agradeció la lección.

Resulta que la próxima vez que visitó a un amigo, fue la esposa de este la que abrió la puerta.

"Mulá", dijo, "no necesitamos un filósofo, necesitamos un médico. Mi esposo tiene dolor de estómago."

"Estimada, no creas que el filósofo no puede ser médico", dijo Nasrudín, presentándose por la fuerza ante el paciente.

El enfermo yacía gimiendo sobre la cama. Nasrudín fue directo hacia ella, miró debajo y llamó a la esposa a la habitación.

"Nada serio", dijo. "Estará bien en un par de días. Pero debes asegurarte de que elimine este hábito de comer monturas y bridas."

En la corte

UN DÍA NASRUDÍN apareció en la corte luciendo un magnífico turbante en la cabeza.

Sabía que el Rey lo admiraría y que, en consecuencia, podría vendérselo.

"¿Cuánto pagaste por ese maravilloso turbante, Mulá?", preguntó el rey.

"Mil piezas de oro, majestad."

Un visir, que se dio cuenta de lo que Nasrudín estaba tratando de hacer, le susurró al rey: "Solo un tonto pagaría tanto por un turbante."

El Rey dijo: "¿Por qué pagaste esa cantidad? Nunca he oído hablar de un turbante que cueste mil piezas de oro."

"Ah, su majestad, la pagué porque sabía que en todo el mundo solamente habría un rey que compraría tal cosa."

El rey ordenó que le fueran dadas dos mil piezas de oro a Nasrudín y tomó el turbante, complacido por el cumplido.

"Puede que conozcas el valor de los turbantes", le dijo más tarde el Mulá al Visir, "pero yo conozco las debilidades de los reyes."

Casos teóricos

"¿A DÓNDE VAS, Mulá?"

"Cabalgo rumbo al pueblo."

"Entonces será mejor que dejes atrás a tu burro, porque hay ladrones en el camino y alguien podría robártelo."

Nasrudín pensó que era más seguro seguir montando al burro que dejarlo en el establo de su casa, donde también podrían robárselo.

Por lo tanto, su amigo le prestó una espada para defenderse.

En una porción desolada del camino vio a un hombre acercársele. "Este debe ser un bandido", se dijo Nasrudín. "Le ganaré de mano."

El inocente viajero se sorprendió cuando, estando apenas a unos pasos, el Mulá exclamó:

"Aquí hay una espada y te la doy. Ahora, permíteme conservar mi burro." El viajero estuvo de acuerdo y tomó la espada, encantado con su suerte.

Cuando regresó a casa, Nasrudín le dijo a su amigo:

"Tenías mucha razón, ¿sabes? Las espadas son objetos muy útiles. La tuya me permitió salvar a mi burro."

El ritmo de la vida

"¿Por qué no podemos movernos más rápido?", le preguntó un día a Nasrudín su empleador. "Cada vez que te pido que hagas algo, lo haces de a poco. Realmente no hay necesidad de ir al mercado tres veces para comprar tres huevos."

Nasrudín prometió cambiar.

Su amo cayó enfermo. "Llama al médico, Nasrudín."

El Mulá salió y regresó con una muchedumbre. "Aquí, amo, está el doctor. Y también he traído a los demás."

"¿Quiénes son todos los demás?"

"Si el médico ordena cataplasma, he traído a quien la fabrica, a su asistente y a los hombres que suministran los ingredientes, en caso de que necesitemos muchas cataplasmas. El carbonero está aquí para ver cuánto carbón podríamos necesitar para calentar agua para hacer cataplasmas. Luego está el sepulturero, en caso de que no sobrevivas."

La muestra

Sentado un día en la casa de té, Nasrudín quedó impresionado por la retórica de un erudito viajero. Al ser interrogado por alguien del grupo acerca de un tema, el sabio sacó un libro de su bolsillo y lo arrojó sobre la mesa: "¡Esta es mi evidencia! Y lo escribí *yo mismo*."

Un hombre que no solo podía leer sino además escribir, era una rareza. ¡Y qué decir de un hombre que había escrito un libro! Los aldeanos trataron al pedante con profundo respeto.

Algunos días después, Nasrudín apareció en la casa de té y preguntó si alguien quería comprar una casa.

"Cuéntanos algo al respecto, Mulá", le preguntaron las personas, "porque ni siquiera sabíamos que tenías casa propia."

"¡Un hecho vale más que mil palabras!", gritó Nasrudín.

Sacó un ladrillo de su bolsillo y lo arrojó sobre la mesa, que justo estaba frente a él.

"Esta es mi evidencia. Examinen su calidad. Y construí la casa *yo mismo*."

El correo de otros

Nasrudín no era muy bueno para escribir, y su habilidad para leer era aun peor; pero era más instruido que los otros aldeanos. Y un día aceptó escribir una carta en nombre de un campesino, dirigida al hermano de este.

"Ahora léemela", dijo el hombre, "porque quiero asegurarme de que no he olvidado nada."

El Mulá miró los garabatos. Al descubrir que no podía ir más allá de "Mi querido hermano", dijo:

"No puedo descifrarlo del todo. No estoy seguro de si las siguientes palabras son 'saber' o 'trabajo', y 'antes' o 'corazón'."

"Pero esto es terrible. ¿Quién lo va a leer si *tú* no puedes?"

"Mi buen hombre", dijo Nasrudín, "ese no es *mi* problema". Mi trabajo es escribir la carta, no leerla."

"Además", asintió el aldeano, completamente convencido, "no está dirigida a ti, ¿verdad?"

¿Por qué no me lo dijiste antes?

Nasrudín y un discípulo estaban viajando. Cada vez que se topaban con una casa grande, se presentaban ante la puerta a la manera de los derviches viajeros. Se les daba comida y también agua.

Nasrudín solía comer tanto como podía, luego se acostaba a dormir. El discípulo comía un poco, luego se sacudía y comía más.

Después de algunos días, el Mulá le preguntó por qué comía de una manera tan extraña.

"Bueno, Maestro, me di cuenta de que si como un poquito, luego bebo un poco de agua y después lo acomodo todo sacudiéndome, puedo almacenar más."

Nasrudín se quitó la sandalia y le dio al joven un par de golpes:

"¿Cómo te atreves a ocultarme un secreto tan valioso? ¡Oh, pensar en la cantidad de comida que he desperdiciado por no poder comerla! Sabía que el límite de comer debía estar más allá del que yo podía alcanzar. Después de todo, el límite del llenar es reventar."

Oferta y demanda

Su Majestad Imperial, el Shahinshah, llegó de improviso a la casa de té cuyo encargado era Nasrudín.

El emperador pidió una tortilla.

"Ahora continuaremos con la caza", le dijo al Mulá. "Entonces dime qué te debo."

"Para usted y sus cinco compañeros, señor, las tortillas cuestan mil piezas de oro."

El emperador levantó las cejas.

"Los huevos deben ser muy costosos aquí. ¿Son tan escasos?"

"No son los huevos los que escasean aquí, Majestad… sino las visitas de reyes."

El valor del pasado

NASRUDÍN FUE ENVIADO por el Rey a investigar el conocimiento tradicional de varios tipos de maestros místicos orientales. Todos le contaron historias de los milagros y los dichos de los fundadores y grandes maestros – todos fallecidos hace mucho tiempo – de sus escuelas.

Cuando regresó a casa presentó su informe, que contenía una sola palabra: "Zanahorias".

Fue convocado a que diera explicaciones. Nasrudín le dijo al Rey: "La mejor parte está enterrada; al mirar el verde, son pocos los que saben – excepto el agricultor – que hay naranja bajo tierra; si no trabajas por ello, se deteriorará; hay muchos burros asociados a ella."

Aplomo

Nasrudín y un amigo fueron a un restaurante y decidieron, para ahorrar, compartir un plato de berenjenas.

Discutieron violentamente si debían ser rellenas o fritas.

Cansado y hambriento, Nasrudín cedió y pidieron berenjenas rellenas.

Mientras esperaban, su compañero se desmayó súbitamente y parecía bastante grave. Nasrudín se levantó de un salto.

"¿Vas a buscar un médico?", preguntó alguien desde la mesa de al lado.

"No, tonto", gritó Nasrudín. "Voy a ver si es demasiado tarde para cambiar el pedido."

Clases de día

Un hombre detuvo a Nasrudín y le preguntó qué día de la semana era.

"No sabría decirte", dijo el Mulá. "Soy un forastero. No sé qué días de la semana tienen aquí."

Solo en el desierto

Nasrudín vagaba por un sendero del desierto, cuando se topó con tres feroces árabes.

Habían estado discutiendo.

"Hay tres posibilidades de cómo podrían haber surgido los minaretes", dijeron. "Acabamos de escucharlas, y nos preguntamos cuál es la verdadera."

Nasrudín no estaba seguro. "Cuéntenme sus teorías y las juzgaré", dijo.

"Cayeron del cielo", dijo el primero.

"Fueron construidos en un pozo y luego elevados", dijo el segundo.

"Crecieron como los cactus", dijo el tercero.

Cada uno de los hombres sacó un cuchillo para reforzar su versión.

Nasrudín dijo: "Están equivocados. Fueron construidos por gigantes de antaño, que tenían una envergadura mayor que la nuestra."

Doncella en apuros

NASRUDÍN ESTABA PASEANDO una noche de verano frente a un jardín amurallado, y decidió asomarse para ver qué deleites podría haber allí. Se subió a la pared y vio a una hermosa doncella en los brazos de alguien que, según él, parecía un horrible monstruo... una aparición deforme.

Sin demorarse siquiera un segundo, el caballeroso Nasrudín saltó al jardín y con una serie de golpes y maldiciones puso a la bestia en fuga.

Cuando se volvió para recibir el agradecimiento de la dama, ella lo golpeó en el ojo. Dos enormes sirvientes se apoderaron del Mulá, lo arrojaron de vuelta a la calle y luego lo apalearon.

Mientras yacía allí, medio inconsciente, oyó a la mujer llorar histéricamente por su amante, al cual Nasrudín había asustado.

"Sobre gustos no hay nada escrito", dijo el Mulá. Después de eso adoptó una falsa cojera y usó un parche en el ojo, pero ninguna doncella lo invitó a su jardín durante sus caminatas.

Injusto

Nasrudín ingresó por primera vez a la ciudad de Konia. Al instante le llamó la atención la cantidad de pastelerías y su apetito se agudizó. Entró en una de estas tiendas y comenzó a devorar un pastel.

Seguro de que no obtendría nada de esta andrajosa aparición, el dueño se le abalanzó y lo abofeteó.

"¿Qué clase de pueblo es este?", preguntó el Mulá. "Un lugar donde golpean a un hombre apenas ha empezado a comer."

Lo que ha pasado antes...

EN UN CALLEJÓN oscuro, un ágil carterista intentó robar el monedero a Nasrudín. El Mulá fue demasiado rápido para él y hubo una lucha violenta. Finalmente, Nasrudín derribó a su contrincante.

En ese momento, una mujer caritativa que pasaba por allí gritó:

"¡Matón! Deja que ese hombrecito se levante y dale una oportunidad."

"Señora", jadeó Nasrudín, "usted ignora los problemas que he tenido para derribarlo."

Todo lo que necesitas

"Te enviaré a la horca", dijo un rey cruel e ignorante que había oído hablar de los poderes de Nasrudín, "si no pruebas que eres un místico."

"Veo cosas extrañas", dijo Nasrudín de inmediato. "Un pájaro dorado en el cielo, demonios bajo la tierra."

"¿Cómo puedes ver a través de objetos sólidos? ¿Cómo haces para ver tan lejos en el cielo?"

"Todo lo que necesitas es miedo."

¿Por qué estamos esperando?

Tres mil distinguidos epicúreos habían sido invitados a un banquete en el palacio del Califa en Bagdad. Nasrudín, por algún error, estaba entre ellos.

Este era un evento anual, y cada año el plato principal superaba al de la fiesta anterior pues la reputación de la magnificencia del califa tenía que estar en constante crecimiento.

Pero Nasrudín había venido sólo por la comida.

Después de una larga espera, ceremonias preparatorias, canto y baile, fueron traídas una gran cantidad de enormes fuentes de plata. En cada una, colocada entre cinco invitados, había un pavo real asado, decorado con alas y pico artificiales pero comestibles, su plumaje hecho con preciosas gemas azucaradas.

Los gourmets de la mesa de Nasrudín se quedaron boquiabiertos al degustar con sus ojos esta obra suprema de arte creativo.

Nadie parecía hacer ningún movimiento hacia la comida.

El Mulá se estaba muriendo de hambre. De repente saltó y bramó:

"¡Está bien! Admito que se ve extraño. Pero probablemente sea comida. ¡Comamos antes de que nos coma!"

La inundación

"El Rey ha sido amable conmigo", le decía un hombre a Nasrudín; "planté trigo y vinieron las lluvias. Se enteró de mis problemas y me compensó por el daño causado por la inundación."

El Mulá pensó por un momento.

"Dime, ¿cómo se hace para *causar* una inundación?"

El presagio

EL REY ESTABA de mal humor. Cuando salió del palacio para ir a cazar, vio a Nasrudín.

"Es mala suerte ver a un Mulá de camino a una cacería", gritó a sus guardias. "No dejen que me mire, ¡azótenlo para que salga del camino!"

Y así lo hicieron.

La cacería fue un éxito.

El rey ordenó que buscaran a Nasrudín.

"Lo siento, Mulá. Pensé que eras un mal presagio. Resulta que no lo eres."

"¡TÚ pensaste que era *yo* era un mal presagio!", dijo Nasrudín. "TÚ me miras a *mí* y tu morral se llena. *Yo* te miro a TI y me azotan. ¿Quién es un mal presagio para quién?"

Los nabos son más duros

Un día el Mulá decidió llevarle al Rey unos hermosos nabos que había cultivado.

En el camino se encontró con un amigo, quien le aconsejó que le regalase algo más refinado, como higos o aceitunas.

Compró algunos higos, y el Rey – que estaba de buen humor – los aceptó y lo recompensó.

A la semana siguiente compró unas naranjas enormes y las llevó al palacio. Pero el rey estaba de mal humor y se las arrojó a Nasrudín, magullándolo.

Mientras se levantaba, el Mulá se dio cuenta de la verdad. "Ahora entiendo", dijo. "Las personas traen cosas pequeñas en lugar de pesadas porque cuando se las arrojan no les duele tanto. De haber traído esos nabos... me habrían matado."

Cómo opinó Nasrudín

Nasrudín dijo:

"Un día le trajeron al príncipe – cuya corte yo integraba – un maravilloso caballo. Nadie podía montarlo, pues era un corcel demasiado brioso. De repente, en un arranque de orgullo y gallardía, grité:

"'Ninguno de ustedes se atreve a montar este espléndido caballo. ¡Ninguno! ¡Ninguno de ustedes puede mantenerse sobre su lomo!' Y di un salto hacia adelante."

Alguien preguntó: "¿Y qué pasó?"

"Yo tampoco pude montarlo", dijo el Mulá.

En medio de la vida

Nasrudín estaba predicando en una mezquita durante la época de la conquista tártara del Asia occidental. No era partidario de Tamerlán.

Tamerlán había escuchado que el Mulá estaba en su contra, y entró sigilosamente en la mezquita disfrazado de derviche.

"Dios golpeará a los tártaros", anunció Nasrudín al final de su sermón.

"Él no te concederá tu plegaria", dijo el derviche, dando un paso adelante.

"¿Y por qué no?", preguntó Nasrudín.

"Porque estás siendo castigado por lo que has hecho y lo que no has hecho. Existe algo llamado causa y efecto. ¿Cómo se puede castigar a alguien por hacer algo que en sí mismo es un escarmiento?"

Nasrudín comenzó a sentirse incómodo: pues uno no debe jugar con los derviches.

"¿Quién eres y cómo te llamas?", preguntó, bravuconeando un poco.

"Soy un derviche y mi nombre es Timur."

Y en ese momento varios miembros de la congregación se levantaron, portando arcos y flechas en sus manos. Eran miembros disfrazados de la horda tártara.

Nasrudín lo asimiló todo con una mirada.

"Por casualidad, ¿su nombre termina en 'Lisiado'?"[1]

"Sí", dijo el derviche.

Nasrudín se volvió hacia la congregación, que estaba aterrorizada:

"Hermanos, hemos realizado una oración en congregación. Ahora comenzaremos el servicio funerario en congregación."

Esto le hizo tanta gracia a Timur el Lisiado, que despidió a las tropas y le pidió a Nasrudín que se uniera a su corte.

---

1 Tamerlán (Tamerlane en inglés) deriva de Timur Lang, es decir, Timur el Lisiado.

¿Despierto o dormido?

Un día, Nasrudín notó que habían construido un nuevo y maravilloso camino – un Shah-Rah, o "Carretera del Rey" – a cierta distancia de su casa. "Esto es algo que debo probar", pensó.

Anduvo por el camino un largo rato hasta que el sueño lo venció. Al despertar, descubrió que le faltaba el turbante: alguien se lo había robado.

Al día siguiente recomenzó su andar por el camino, con la esperanza de encontrar algún rastro del ladrón. Caminó varios kilómetros bajo el calor del verano, hasta que nuevamente se echó a dormir un rato.

Lo despertó el ruido de cascos y el tintineo de arneses. Se acercaba una patrulla: soldados de la Guardia del Rey de aspecto feroz, escoltando a un prisionero. Superado por la curiosidad, los detuvo y les preguntó qué estaba pasando.

"Estamos llevando a este hombre para que lo decapiten", dijo el capitán, "porque es un guardia que se quedó dormido mientras vigilaba la carretera."

"Eso es suficiente para mí", dijo Nasrudín. "Quédense con su camino. Quienquiera que se duerma en él, perderá su sombrero o su cabeza. ¡Quién sabe cuál podría ser la tercera pérdida!"

Y este es el origen del proverbio persa: "Quienquiera que se duerma en la carretera perderá su sombrero o su cabeza."

Poco después, Nasrudín sintió que su esposa lo sacudía. "Despierta", dijo.

"Eso lo arruinó", gimió el Mulá. "Lo que llamas 'despierto' yo lo llamo 'dormido'."

El atajo

CAMINANDO DE REGRESO a casa durante una mañana maravillosa, Nasrudín pensó que sería una buena idea tomar un atajo por el bosque. "¿Por qué", se preguntó, "debería caminar por un sendero polvoriento cuando podría estar en comunión con la Naturaleza, escuchando a los pájaros y mirando las flores? Este es de hecho un día muy importante: ¡un día para actividades afortunadas!"

Dicho esto, se lanzó hacia la fronda. Sin embargo, no había ido muy lejos cuando cayó en un pozo, donde yaciendo comenzó a reflexionar.

"Después de todo no es un día tan afortunado", meditó. "De hecho, hice bien en tomar este atajo. Si cosas como esta pueden suceder en un entorno hermoso como este, ¿qué no podría haberme sucedido en esa carretera desagradable?"

Cambiemos de tema

Una tarde de calor sofocante, Nasrudín vio a un hombre que caminaba hacia él por el polvoriento sendero, portando un gran racimo de uvas de aspecto delicioso.

Un poco de adulación bien podría valer una uva.

"Oh gran sheikh, dame unas uvas", dijo Nasrudín.

"No soy un sheikh", dijo el derviche, pues era uno de esos contemplativos viajeros que rechazaban cualquier forma extrema de discurso.

"Es un hombre de mayor importancia y lo he menospreciado", pensó el Mulá. Agregó en voz alta:

"¡*Walahadrat-a*! (Alteza), ¡dame sólo una uva!"

"¡*No* soy una alteza!", gruñó el derviche.

"Bueno, no me digas lo que eres, ¡pues probablemente descubriremos que esas tampoco son uvas! Cambiemos de tema."

La cuerda y el cielo

Un místico Sufi detuvo a Nasrudín en la calle. Para probar si el Mulá era sensible al conocimiento interno, hizo una señal, apuntando al cielo.

El Sufi quería decir: "Solo hay una verdad, que todo lo cubre."

El compañero de Nasrudín, un hombre común, pensó: "El Sufi está loco. Me pregunto qué precauciones tomará Nasrudín."

El Mulá buscó en su mochila, sacó un rollo de cuerda y se la entregó a su compañero.

"Excelente", pensó este, "lo ataremos si se pone violento."

El Sufi vio que Nasrudín quería decir: "La humanidad ordinaria trata de encontrar la verdad con métodos tan inadecuados, como lo es intentar subir al cielo con la ayuda de una cuerda."

¿Quién soy yo?

Después de un largo viaje, Nasrudín se encontró en medio de la multitud en Bagdad. Este era el lugar más grande que había visto en su vida, y la gente que poblaba las calles lo confundió.

"Me pregunto cómo hacen las personas para no perderse y saber quiénes son en un lugar como este", reflexionó.

Luego pensó: "Debo recordarme bien, de lo contrario podría perderme."

Fue apresuradamente a un caravasar. Un mendigo estaba sentado en su cama, al lado de la que le asignaron a Nasrudín. El Mulá planeaba tomar una siesta pero tenía un problema: cómo encontrarse de nuevo a sí mismo cuando despertara.

Se lo comentó a su vecino.

"Simple", dijo el bromista. "Aquí hay una vejiga inflada. Átala a tu pierna y vete a dormir. Cuando te despiertes, busca al hombre con el globo y ese serás tú."

"Excelente idea", dijo Nasrudín.

Un par de horas después, el Mulá se despertó. Buscó la vejiga y la encontró atada a la pierna del bromista. "Sí, ese soy yo", pensó. Luego, loco de miedo, comenzó a golpear al otro hombre: "¡Despierta! ¡Algo ha sucedido, tal como pensé que pasaría! ¡Tu idea no era buena!"

El hombre se despertó y le preguntó cuál era el problema. Nasrudín señaló la vejiga. "Puedo decir por la vejiga que *tú* eres *yo*. Pero si *tú* eres *yo*, ¿quién, por el amor de Dios, SOY YO?"

Yo les habría mostrado

"Algunas personas", se dijo el Mulá un día, "están muertas cuando parecen estar vivas. Otras, en cambio, están vivas aunque parezcan estar muertas. ¿Cómo podemos saber si un hombre está muerto o si está vivo?"

Repitió esta última oración con tal volumen, que su esposa lo escuchó. Ella le dijo: "¡Tonto! Si las manos y los pies están bien fríos, puedes estar seguro de que está muerto."

Poco después, Nasrudín estaba cortando leña en el bosque cuando se dio cuenta de que sus extremidades estaban casi congeladas por el frío.

"La muerte", dijo, "ahora parece estar sobre mí. Los muertos no cortan leña: se acuestan dignamente porque no necesitan movimiento físico."

Se acostó debajo de un árbol.

Una manada de lobos, incentivados por sus sufrimientos durante ese duro invierno y creyendo que el hombre estaba muerto, se lanzaron contra el burro del Mulá y se lo comieron.

"¡Así es la vida!", reflexionó Nasrudín. "Una cosa depende de otra. Si hubiera estado vivo, no se habrían tomado semejantes libertades con mi burro."

Tiene una sola falla

Caminando un día con un discípulo, el Mulá Nasrudín vio por primera vez en su vida un hermoso paisaje lacustre.

"¡Qué delicia!", exclamó. "Pero si solamente, si solamente..."

"¿Si solamente qué, Maestro?"

"¡Si solamente no le hubieran puesto agua!"

Sopa de pato

Nasrudín recibió la visita de un pariente que vivía en el campo, quien además le trajo un pato de regalo. El Mulá, agradecido, mandó a que cocinaran el ave y lo compartió con su invitado.

En ese momento llegó otro visitante. Era amigo, según dijo, "del hombre que te regaló el pato". Nasrudín también le dio de comer.

Esto sucedió varias veces. La casa del Mulá se había convertido en un restaurante para forasteros. Todos eran amigos, en mayor o menor grado, del donante original del pato.

Finalmente Nasrudín se exasperó. Un día llamaron a la puerta y apareció un extraño. "Soy el amigo del amigo del amigo del hombre que te trajo el pato del campo", dijo.

"Entra", dijo el Mulá.

Se sentaron a la mesa, y Nasrudín le pidió a su esposa que trajera la sopa.

Cuando el huésped la probó, parecía no ser más que agua tibia. "¿Qué tipo de sopa es esta?", le preguntó al Mulá.

"Eso", dijo Nasrudín, "es la sopa de la sopa de la sopa de pato."

UN PEDIDO

Si disfrutaste este libro, por favor deja una reseña en Goodreads y Amazon (o donde quiera que hayas comprado el libro).

Las reseñas son el mejor amigo de un escritor.

Para estar al tanto de las novedades acerca de nuestros próximos lanzamientos o noticias de la Idries Shah Foundation, apúntate a nuestra lista de correo:

✉ http://bit.ly/ISFlist

Y para seguirnos en las redes sociales, usa cualquiera de los siguientes enlaces:

- 🐦 https://twitter.com/IdriesShahES
- ⓕ https://www.facebook.com/IdriesShah
- ▶ http://www.youtube.com/idriesshah999
- ⓟ http://www.pinterest.com/idriesshah/
- ⓖ http://bit.ly/ISgoodreads
- ⓣ http://fundacionidriesshah.tumblr.com
- ⓘ https://www.instagram.com/idriesshah/

http://idriesshahfoundation.org/es

www.ingramcontent.com/pod-product-compliance
Lightning Source LLC
Chambersburg PA
CBHW031446040426
42444CB00007B/1001